Lass uns über Sex reden

Das Kamasutra der Einstiegsfragen über sexuelle Fantasien

Was macht *dich* an?

J.H

„Jenseits der Bettlaken"-Reihe

Buch 1, 2, und 3

Copyright © 2019 Love & Desire Press

Alle Rechte vorbehalten.

ISBN: **978-1076921833**

INHALT

	Danksagungen	i
1	Sexuelle Fantasien und Wünsche	Seite 1
2	Nicht-Monogamie	Seite 113
3	Sexuelle Vorlieben und Fetische	Seite 227

Verleih deinem Sexleben noch mehr Würze und entdecke alle erotischen Fragebücher von J.R. James:

Wahrheit oder Pflicht?: Das Spiel der sexy Fragen für Erwachsene

Lass uns über Sex reden: Das Kamasutra der Einstiegsfragen über sexuelle Fantasien
(Alle drei „Lass uns reden" erotischen Fragebücher sind in diesem 340-seitigen Band enthalten)

Lass uns über sexuelle Fantasien und Wünsche reden

Lass uns über Nicht-Monogamie reden

Lass uns über sexuelle Vorlieben und Fetische reden

www.sexygamesforcouples.com

*****
Noch ein Wort zum Sprachgebrauch: Um die Fragen gut verständlich und lesbar zu halten, wird in diesem Buch größtenteils die männliche Form benutzt (z.B. „dein Partner" statt „dein Partner oder deine Partnerin"), natürlich sollen aber alle Geschlechter damit angesprochen werden. Passt die Fragen also eurer persönlichen Situation und Beziehungskonstellation an!
*****

LASS UNS ÜBER SEXUELLE FANTASIEN UND WÜNSCHE REDEN

Fragen und Gesprächseinstiege für Paare, die ihre sexuellen Interessen erforschen möchten

Buch 1

Worum es in diesem Buch geht

Vor einigen Sommern waren meine Frau und ich auf einer langen Autoreise quer durch die Staaten. Während wir durch die sanften Hügel und die goldenen Prärie-Landschaften des Mittleren Westens fuhren, taten wir all die normalen Dinge, die ein Paar auf einer gemeinsamen Autofahrt so tun kann. Wir redeten, hörten Musik und spielten alberne Spiele, um uns die Zeit zu vertreiben. In Vorbereitung auf unsere lange Fahrt hatte ich ein „Fragebuch" für Paare gekauft. Wir wechselten uns am Steuer ab und amüsierten uns damit, uns gegenseitig die leichtherzigen Fragen zu stellen, die das Buch bot.

Auf einer der Seiten gab es ein paar erotische Fragen der Art „Würdest du in Betracht ziehen ...". Meine Frau saß gerade am Steuer, also war ich an der Reihe, die Fragen zu stellen. Als ich die Seite las, setzte mein Herz einen Schlag aus. Eine der Fragen sprach eine große sexuelle Fantasie von mir an. Aus welchem Grund auch immer: ich hatte mich nie wirklich getraut, diese Fantasie mit ihr zu teilen – aber jetzt hatte ich plötzlich die Chance, sie doch einmal zu fragen, wie sie darüber dachte. Das Beste daran? Es war nicht wirklich ich, der die Frage stellte, es war das Buch! Ich werde nie den elektrischen Schauer vergessen, der mich durchlief, als sie für einen Moment die Frage erwog und antwortete: „Ja, dafür wäre ich vielleicht offen."

Diese Antwort war der Auftakt zu einem Gespräch, das ich für das heißeste und erotischste meines Lebens halte. Wir waren zu dem Zeitpunkt etwa acht Jahre zusammen und doch fühlte es sich an, als würde ich ihre sexuelle Präsenz zum ersten Mal wiederentdecken. Dieser Nachmittag im Auto wird mir für immer in Erinnerung bleiben und mein Herz schlägt immer noch schneller, wenn ich daran zurückdenke. Dieses eine sexuell aufgeladene Gespräch führte in den darauffolgenden Jahren zu vielen wunderbaren Abenteuern und Diskussionen.

Die Erfahrung hat mir zu denken gegeben, da mir klar wurde, dass wir uns oft mit unseren geheimen Fantasien, Wünschen oder Leidenschaften vor unserem Partner „zurückhalten", ohne es überhaupt zu wissen. Ob aus Scham oder Verlegenheit, absichtlich oder unabsichtlich – manche Menschen sprechen so niemals darüber, was sie *wirklich anmacht.* Und dafür ist dieses Buch gedacht. Es ist ein Werkzeug, das es euch ermöglicht, Fragen zu stellen und die Vorlieben, Abneigungen, Wünsche und Fantasien eures Partners zu erkunden.

Es spielt keine Rolle, ob ihr eine Woche zusammen oder zehn Jahre verheiratet seid, ob hetero, bi, schwul, lesbisch oder anders – auf diesen Seiten finden sich Fragen für jeden. Die Gesprächseinstiege in diesem Buch variieren zwischen mild und explizit. Wenn ihr euch mit einer bestimmten Frage nicht wohl fühlt, geht zu einer anderen über. Manche der Paare, die dieses Buch lesen, denken vielleicht, dass sie bereits alles wissen, was es über ihren Partner zu wissen gibt. Ich empfehle trotzdem, alle Fragen durchzugehen. Dein Partner wird dich vielleicht noch überraschen.

Ob ihr dieses Buch umgeben von Kerzen und bei einem Glas Wein lest oder während einer langen Autofahrt oder sogar auf einer Party mit anderen Paaren: haltet Ohren, Herz und Geist offen. Seid verständnisvoll. Seid ehrlich. Und denkt daran, dass Gespräche das Wichtigste sind.

Viel Spaß!

Was dieses Buch nicht ist

Dieses Buch soll Grenzen erweitern und neu definieren. Allerdings ist es nicht für unsichere Paare oder Einzelpersonen gedacht oder solche, die zu Eifersucht neigen.

Dieses Buch ist nicht als Ersatz für therapeutische Gespräche gedacht und dient nur zu Unterhaltungszwecken. Wenn ihr sexuelle oder beziehungsbezogene Probleme habt, empfehlen wir dringend einen Sexualtherapeuten oder Eheberater.

Wir sprechen weder besonderen Empfehlungen für Dinge in diesem Buch aus, noch ermutigen wir Handlungen oder Verhaltensweisen, die außerhalb der Grenzen liegen, innerhalb derer sich eine Person wohl fühlt. Darüber hinaus empfehlen wir keine unsicheren Sexualpraktiken oder regen dazu an.

Die Gesprächseinstiege in diesem Buch sind nicht als vollständige Liste aller Fetische, Vorlieben oder Fantasien gedacht. Es sind einfach nur Einstiege, die euch hoffentlich in tiefere Diskussionen führen werden. Ihr könnt also gerne die Fragen noch ausarbeiten und improvisieren.

1

Was sind die Bereiche deines Körpers, an denen du am liebsten geküsst wirst? Irgendwelche ungewöhnlichen erogenen Zonen?

2

Abgesehen vom Schlafzimmer: Wo sonst im Haus würdest du gerne Sex haben?

3

Beschreibe eine Fantasie, die du noch nie jemand anderem verraten hast.

4

Wo würdest du außerhalb des Hauses gerne einmal Sex haben?

5

Nenne eine berühmte Person, mit der du eine leidenschaftliche Nacht verbringen möchtest. Was macht diese Person sexy?

6

Was hältst du von Rollenspielen oder Verkleiden? Beschreibe ein Rollenspiel-Szenario, das dich anmachen würde.

7

Benutzt du gerne Sexspielzeug im Schlafzimmer? Was ist dein Lieblingsspielzeug? Gibt es etwas, das du nicht hast, aber gerne ausprobieren möchtest?

8

Wie würdest du es finden, dabei zuzusehen, wie dein Partner mit jemand anderem rummacht? Wie wäre es, wenn du ihnen beim Sex zusehen würdest?

9

Beschreibe von Anfang bis Ende deine Vorstellung von einem erotischen Date.

10

Nenne drei Songs, die du gerne beim Sex hören würdest. Warum diese Lieder?

11

Sage deinem Partner, was an seinem Körper am attraktivsten ist.

12

Was ist attraktiver: ein heißer Körper, eine witzige Persönlichkeit oder ein brillanter Geist?

13

Wenn jemand dabei zusehen würde, wie du und dein Partner Sex haben, wer würde das sein?

14

Nenne zwei Lebensmittel, die du sexy findest oder die du gerne beim Sex verwenden würdest.

15

Was sind einige der heißesten Kleidungsstücke, die dein Partner trägt? Gibt es sonst noch etwas, dass du gerne an ihm sehen würdest?

16

Gibt es eine Sexstellung, die du schon immer mal versuchen wolltest, aber noch nie ausprobiert hast?

17

Magst du es, schmutzige Worte zu sagen oder sie von deinem Partner zu hören? Wenn ja, welche Sachen sagst oder hörst du gerne?

18
Was ist deine Lieblingsstellung? Warum?

19

Hast du schon einmal Strip Poker (oder ein anderes Stripspiel) gespielt? Wenn ja, beschreibe was passiert ist. Wenn nicht, würdest du es in Betracht ziehen?

20

Bist du schon mal nackt schwimmen gegangen? Wenn ja, war es ein erotisches Erlebnis? Wenn nicht, würdest du es in Betracht ziehen?

21

Würdest du jemals Swingen oder einen Partnertausch in Betracht ziehen? Wenn ja, gibt es Freunde, von denen du dir vorstellen könntest, sie zu dir und deinem Partner ins Schlafzimmer einzuladen?

22

Was hältst du vom Gedanken, „heimlich" mit deinem Partner Sex zu haben, während andere Menschen in der Nähe sind?

23

Abgesehen von Pornografie: Gibt es irgendwelche Filme, die dich anmachen? Warum?

24

Welche Art von Stimmungsbeleuchtung findest du sexy?

25

Wenn du ein Pornostar wärst, wie würde dein erster Film heißen und worum ginge es darin?

26

Macht es dich an, zu sehen, wie dein Partner mit anderen flirtet?

27

Hast du jemals Sex an einem öffentlichen Ort gehabt? Wenn nicht, würdest du es in Betracht ziehen? Wo würde das sein?

28

Hast du jemals Sex am Arbeitsplatz gehabt? Wenn nicht, würdest du es machen? Wo und wie würdest du es tun?

29

Was ist der heißeste Traum, den du je gehabt hast?

30

*Stehst du darauf,
dominant oder unterwürfig
zu sein?*

31

Würdest du jemals in Betracht ziehen, einen Amateur-Striptease zu machen? Zu welchen Liedern würdest du tanzen?

32

Beschreibe deine erste sexuelle Erfahrung. Gibt es etwas daran, das du ändern würdest?

33

Hast du jemals davon geträumt, gezwungen zu werden, deinem Partner dabei zuzusehen, wie er es jemand anderem macht?

34

Hattest du schon mal einen One-Night-Stand? Wenn ja, beschreibe was passiert ist.

35

Wurdest du jemals beim Masturbieren erwischt? Wenn ja, von wem? Was hast du gemacht, als du erwischt wurdest?

36

Würdest du jemals in Betracht ziehen, bei einer Orgie mitzumachen? Wenn ja, was wären die Voraussetzungen dafür?

37

Würdest du jemals einen FKK-Strand oder ein Hotel besuchen, in dem Kleidung optional ist?

38

Welche Körperteile einer Frau findest du sexuell am attraktivsten?

39

Welche Körperteile eines Mannes findest du sexuell am attraktivsten?

40

Würdest du deinem Partner lieber mit einem Mitglied des gleichen oder des anderen Geschlechts zusehen?

41

Was macht dich beim Sex am meisten an?

42

Was machst du gerne nach dem Sex?

43

Was siehst du kleidungsmäßig gerne an einer Frau, mit der du ins Bett gehst? Was an einem Mann?

44

Ist dir schon mal etwas Peinliches beim Sex passiert?

45

Bist du im Bett laut oder leise? Hörst du gerne deinen Partner?

46

Wann hast du das letzte Mal masturbiert? Woran hast du dabei gedacht?

47

Was verstehst du unter „Nicht-Monogamie" und was hältst du davon?

48

Welche Fetische oder ungewöhnlichen sexuellen Vorlieben erregen dein Interesse?

49

Gibt es irgendwelche ungewöhnlichen Praktiken oder Fetische, die du schon mal ausprobiert hast?

50

Was weißt du über tantrischen Sex? Hast du es schon mal ausprobiert?

51

Würdest du in Betracht ziehen, Sex vor anderen Leuten zu haben, die dabei zusehen?

52

Würdest du mal einem anderen Paar beim Sex im selben Raum zusehen wollen?

53

Warst du schon mal bei einem Sex-Kursus irgendeiner Art? Wenn nicht, was wäre ein Kurs, bei dem du gerne mitmachen würdest?

54

Was ist das, was du im Bett am besten kannst? Wie bist du so gut darin geworden?

55

Welche Art von Küssen magst du am liebsten? Abgesehen vom aktuellen Partner: Wer hat von allen Leuten, die du je geküsst hast, am besten geküsst?

56

Wie flirtest du gerne und was gefällt dir daran, wie andere mit dir flirten?

57

Wie magst du es gerne, dass dein Partner Sex initiiert? Was ist deine bevorzugte Art des Initiierens?

58
Licht an oder aus? Warum?

59

Was ist die heißeste „nicht-sexuelle" Sache, die jemand tun kann, um dich zu erregen?

60

Hat schon mal jemand sexy Fotos von dir gemacht? Hast du schon mal welche von jemand anderem gemacht?

61

Wer war (abgesehen vom gegenwärtigen Partner) von all deinen früheren Sexualpartnern der beste und warum?

62

Findest du Uniformen sexy? Wenn ja, welche?

63

Kann sich Eifersucht jemals erotisch anfühlen? Versuche zu beschreiben, warum du denkst, dass sie es kann oder nicht kann.

64

Hattest du jemals Sex im Auto? Wenn nicht, würdest du es gerne mal versuchen?

65

Wie oft pro Woche möchtest du idealerweise Sex haben?

66

Hattest du in deinem Leben einen bestimmten Orgasmus, der besonders hervorsticht?

67

Findest du Massagen jemals erregend? Hat bei dir schon einmal eine "unschuldige" Massage zu Sex geführt?

68

Was bevorzugst du im Schambereich, Haare oder keine Haare?

69

Hast du schon mal Analsex ausprobiert? Wenn ja, wie war es? Irgendwelche Analspiel-Fantasien?

70

*Ist die Größe wichtig?
Warum oder warum nicht?*

71

Hast du schon mal Handschellen oder Bondage probiert? Wenn nicht, würdest du gerne?

72

Was ist erotischer, die Augen verbunden zu bekommen oder seinem Partner die Augen zu verbinden?

73

Hast du jemals einen Lapdance erhalten oder gegeben?

74

Was ist deine liebste Tageszeit für Sex?

75

Auf welchen Teil deines Körpers bist du besonders stolz?

76

Gibt es etwas, wobei du mir gerne zusehen würdest, wie ich es alleine oder mit einer anderen Person mache?

77

Was hilft dir, dich so zu entspannen, dass du beim Sex vollständig zugegen sein kannst?

78

Beende diesen Satz: Ich liebe es, wenn du ...

79

Wenn du die Chance hättest, mit einer Person außer mir zu schlafen, wer wäre das?

80

Wer ist die „unangemessenste" Person, über die du je Fantasien gehabt hast?

81

Wenn du aus unserem gemeinsamen Bekanntenkreis eine Person auswählen müsstest, mit der ich schlafe, wer wäre es und warum?

82

Wie viele Sexualpartner hast du in der Vergangenheit gehabt? Zählt Oralsex?

83

Hattest du jemals Sex mit einem Fremden? Wenn nicht, wie viel Geld wäre nötig, damit du mit einem attraktiven Fremden Sex hättest? Und mit einem „durchschnittlichen" Fremden?

84

Hast du jemals einen Orgasmus vorgetäuscht? Wenn ja, warum? Zeig mal, wie man einen Orgasmus vortäuscht.

85

Was war der kürzeste Zeitraum, den du jemanden gekannt hast, bevor du mit ihm geschlafen hast?

86

Was war der kürzeste Zeitraum, der zwischen Sex mit zwei verschiedenen Partnern lag?

87

Kannst du dich an eine bestimmte sexuelle Begegnung erinnern, die ungewöhnlich lange gedauert hat? Beschreibe die Begegnung.

88

Hast du dich jemals zur Mutter oder zum Vater eines Freundes hingezogen gefühlt? Wenn ja, beschreibe die Person.

89

Hast du beim Sex jemals an jemand anderen als deinen Sexpartner gedacht?

90

Was hältst du von Pornos? Beschreibe eine Szene, die dich beim Ansehen eines Pornofilms erregen würde.

91

Hattest du schon mal Telefonsex? Wenn nicht, würdest du gerne mal welchen haben? Was für Dinge würdest du sagen?

92

Was hältst du von Sexting, also erotische Texte oder Chats? Was ist das Heißeste, was man jemandem schreiben kann?

93

Was ist der seltsamste Ort, an dem du je masturbiert hast? Gibt es noch einen anderen Ort, an dem du es zu versuchen bereit wärst?

94

Was weißt du über das Kamasutra? Hast du jemals etwas daraus ausprobiert?

95

Hast du jemals Fantasien über einen deiner Lehrer gehabt? Wenn ja, beschreibe die Person. Wenn sich die Gelegenheit ergeben hätte, hättest du mit ihr geschlafen?

96

Was hältst du von „Freikarten"? (Vorübergehende Erlaubnis, mit jemand anderem zu schlafen.)

97

Was führt zu heißerem Sex: Romantik oder reine erotische Energie?

98

Hattest du schon mal einen Dreier? Wenn nicht, würdest du es in Betracht ziehen? Würdest du als Dritten einen Mann oder eine Frau bevorzugen?

99

Falls zutreffend: An welcher Stelle ejakulierst du gerne oder empfängst das Ejakulat deines Partners?

100

Gibt es etwas, das du als völlig „tabu" empfindest? Warum? Gibt es irgendetwas, das deine Meinung darüber jemals ändern könnte?

101

Bevorzugst du sanften oder harten Sex?

102

Hast du jemals heimlich masturbiert, während andere Leute in der Nähe waren?

103

Magst du es, beim Sex an den Haaren des Partners zu ziehen oder an den Haaren gezogen zu werden?

104

Magst du Spanking, also beim Sex dem Partner den Hintern zu versohlen oder von ihm versohlt zu bekommen?

105

Was hältst du von BDSM? Gibt es etwas, das du gerne versuchen würdest, falls du es nicht schon getan hast?

106

Findest du Vorspiel über- oder unterbewertet? Beschreibe, wie heißes Vorspiel für dich aussieht.

107

Was ist eine Sache, die du unbedingt gut können solltest, um mich heiß zu machen?

LASS UNS ÜBER NICHT-MONOGAMIE REDEN

Fragen und Gesprächseinstiege für Paare, die offene Beziehungen, Swingen oder Polyamorie erkunden wollen

Buch 2

Worum es in diesem Buch geht

Da du dieses Buch liest, stehen die Chancen gut, dass du oder dein Partner die Welt der Nicht-Monogamie erkunden wollen. Aufregend? Ja. Beängstigend? Ein wenig. Vielleicht habt ihr euch schon ein wenig darin versucht, eure Beziehung zu öffnen. Manche Paare experimentieren mit Dreiern und überlegen, sich noch ein wenig weiter vorzuwagen. Vielleicht habt ihr so etwas noch nie ausprobiert, seid aber neugierig, wenn auch etwas zögerlich. Wie würde es sich anfühlen? Wie würden wir es machen? Wie könnte es für uns als Paar funktionieren? Nicht-Monogamie kann erotisch, aufregend, verwirrend sein und manchmal, ob man es glaubt oder nicht, sogar Partner einander näherbringen. Ob ihr nun daran interessiert seid, euch nebenher mit anderen zu treffen, zusammen zu swingen oder euer Herz für mehrere romantische Partner zu öffnen, dieses Buch kann dir und deinem Partner helfen, die wichtigen Gespräche zu führen, die zuerst stattfinden müssen.

Dies bringt uns zum Geheimrezept, mit dem Paare erfolgreich nicht-monogame Beziehungen navigieren. Und hier ist es: Kommunikation und Ehrlichkeit. Was für eine Überraschung, nicht wahr? Wer hätte das gedacht? Viele Paare glauben, dass ihre Kommunikation gut funktioniert und das mag auch sein – aber wenn es darum geht, eine neue Richtung in eurer Beziehung einzuschlagen, liegt das Problem darin, dass „ihr nicht wisst, was ihr nicht wisst". Manchmal bedenken Paare einfach nicht alles, was sie vor dem Öffnen der Beziehung hätten besprechen sollen. Dies kann zu Verletzungen, Eifersucht oder Schlimmerem führen. Vermeidet diese Fallstricke und nutzt dieses Buch, um die dringend erforderlichen Gespräche anzuregen.

Einige der Fragen erforschen den erotischen Aspekt, andere sind introspektiv und wieder andere können sogar logistischer Natur sein. Wenn man einen nicht-monogamen Lebensstil in Betracht zieht, sollten Paare immer über Hoffnungen, Grenzen, Ängste und Wünsche reden, um erfolgreiche und gesunde Beziehungen zu gewährleisten.

Für diejenigen, die nicht mit der Nicht-Monogamieszene vertraut sind, gibt es viele Begriffe, die euch begegnen können, wenn ihr diese Themen diskutiert. Ich werde eine kurze Erklärung zu einigen dieser Begriffe geben. *Um es deutlich zu machen: Es gibt viele verschiedene Varianten und Geschmacksrichtungen bei nicht-monogamen Beziehungen, die sich auch manchmal überschneiden; bitte beachtet also, dass ich aus Gründen der Einfachheit teilweise generalisiere.*

Offene Beziehung – Eine Beziehung, in der sich beide Partner darauf einigen, dass jeder von ihnen sexuelle Beziehungen zu anderen haben kann.

Swinging – Ein Paar, das sexuelle Beziehungen mit anderen Paaren, Personen oder Gruppen eingehen kann.

Polyamorie – Die Praxis, mit Zustimmung aller Beteiligten mehrere sexuelle, intime oder romantische Beziehungen einzugehen.

Der Lifestyle – Ein allgemeiner Begriff, der von Swingern häufiger verwendet wird, um Paare zu bezeichnen, die irgendeine Art von nicht-monogamem Lebensstil oder nicht-monogamen Beziehungen haben.

Nehmt euch jetzt die Zeit, die ihr beide benötigt, um eure Gefühle aufmerksam zu erforschen und die Gesprächseinstiege in diesem Buch zu diskutieren. Beantwortet die Fragen mit Bedacht und schaut tief in euch hinein, um euch vorzustellen, wie ihr euch in den jeweiligen Situationen fühlen würdet. Das Wichtigste ist, ehrlich zu euch selbst und eurem Partner zu sein.

Viel Spaß!

Was dieses Buch nicht ist

Dieses Buch soll Grenzen erweitern und neu definieren. Allerdings ist es nicht für unsichere Paare oder Einzelpersonen gedacht oder solche, die zu Eifersucht neigen.

Dieses Buch ist nicht als Ersatz für therapeutische Gespräche gedacht und dient nur zu Unterhaltungszwecken. Wenn ihr sexuelle oder beziehungsbezogene Probleme habt, empfehlen wir dringend einen Sexualtherapeuten oder Eheberater.

Wir sprechen weder besonderen Empfehlungen für Dinge in diesem Buch aus, noch ermutigen wir Handlungen oder Verhaltensweisen, die außerhalb der Grenzen liegen, innerhalb derer sich eine Person wohl fühlt. Darüber hinaus empfehlen wir keine unsicheren Sexualpraktiken oder regen dazu an.

Dies ist keine vollständige Liste aller Varianten und Arten von nicht-monogamen Beziehungen. Manche der Fragen beziehen sich auf Nicht-Monogamie im Allgemeinen, andere richten sich spezifisch auf eine bestimmte Nische, wie beispielsweise Swingen oder Polyamorie. Das ist auch Absicht. Du und dein Partner wissen vielleicht noch nicht, wonach ihr genau sucht – und das ist in Ordnung. Dafür sind diese Fragen auch gedacht: sie sollen dabei helfen, es herauszufinden. Nachdem ihr es besprochen habt, stellt ihr vielleicht fest, dass ihr eher zu dieser Variante neigt als zu jener. Das Wichtigste ist, dass ihr beide das gleiche wollt und wisst, was für eure Beziehung am besten ist. In diesem Buch findet ihr einfach nur Gesprächsanregungen, die euch hoffentlich zu tieferen Diskussionen verhelfen werden. Arbeitet die Fragen also gerne aus und improvisiert. ;)

1
Macht es dich an, zu sehen, wie dein Partner mit anderen flirtet?

2

Hast du jemals beim Sex an jemand anderen als deinen Sexpartner gedacht?

3
Was hältst du von „Freikarten"? (Erlaubnis, mit jemand anderem zu schlafen)

4
Wie würdest du persönlich eine „offene Beziehung" definieren?

5

Kannst du dich daran erinnern, jemals angetörnt gewesen zu sein, während du deinem Partner bei der Interaktion mit einer anderen Person zugesehen hast?

6
Was spricht dich am meisten an der Nicht-Monogamie an? Warum?

7

Wenn du deinem Partner beim Sex mit jemand anderem zusehen müsstest, wen würdest du wählen und warum?

8
Kann sich Eifersucht jemals erotisch anfühlen?

9

Wie sieht deine Vorstellung davon aus, wie „Swinging" funktioniert? Was hältst du davon?

10

Glaubst du, dass du für mehr als eine Person romantische Liebe gleichermaßen empfinden kannst?

11
Wenn wir mit anderen Leuten texten oder online chatten, sollten dies private oder Gruppengespräche sein?

12

Wie würdest du dich fühlen, wenn ich etwas sexuell Neues mit einer anderen Person ausprobieren würde? Etwas, das wir zuvor noch nie ausprobiert haben.

13

Wenn jemand uns beim Sex zusehen müsste, wen würdest du wählen? Findest du die Vorstellung aufregend, dass sie uns zusehen?

14

Wenn jemand in unserer Familie davon erfahren würde, was denkst du, was er wohl sagen würde?

15

Gibt es eine körperliche oder sexuelle Handlung, die nur für dich und mich reserviert sein sollte?

16

Gibt es etwas, das du schon immer mit jemand anderem versuchen wolltest, aber zögerst, es mit mir zu tun?

17

Falls wir Sex oder intime Beziehungen zu anderen Menschen haben sollten, welche Art von Grenzen müssen wir dann vorher gesetzt haben?

18
Wie kommt man über Eifersucht hinweg?

19

Wenn wir mit einem anderen Paar Partner tauschen würden, würdest du es vorziehen, wenn wir im selben Raum oder in getrennten Räumen wären?

20

Was ist etwas, das du als etwas Besonderes für uns und nur für uns empfindest?

21

Wenn wir swingen oder Partner tauschen würden, welche Freunde könntest du dir vorstellen, zu uns ins Schlafzimmer einzuladen?

22
Wie viele Liebhaber sind zu viele Liebhaber? Gibt es „zu viel" überhaupt?

23
Wäre es dir lieber, wenn dein Partner mit jemandem des gleichen oder des anderen Geschlechts herummacht?

24

Beschreibe, wie du mit jemand anderem als deinem Partner flirten würdest. Wie sollte diese Person mit dir flirten?

25

Was hältst du davon, anderen Leuten zu sexten, also erotisch mit ihnen zu texten oder zu chatten?

26

Was würdest du davon halten, wenn wir einen Dreier hätten? Würdest du dafür einen zusätzlichen Mann oder eine zusätzliche Frau bevorzugen?

27

Gibt es etwas, das du als völlig tabu empfinden würdest? Warum? Könnte irgendetwas jemals deine Meinung ändern?

28
Würdest du einen „Sexclub" besuchen? Wenn ja, würdest du mitmachen wollen oder einfach mal „gucken, worum es da geht"?

29

Wie kann deiner Meinung nach Nicht-Monogamie unserer Beziehung zugutekommen?

30
Wie oft sollten wir uns auf STIs (Sexuell übertragbare Infektionen) testen lassen?

31

Ergänze den Satz: Ich würde dich gerne mit einer anderen Person _____ sehen.

32

Beschreibe ausführlich, wie du dir deine erste nicht-monogame Erfahrung vorstellen würdest.

33

Wenn wir einmal nicht-monogam geworden sind, können wir dann jemals wieder zur Monogamie zurückkehren? Warum oder warum nicht?

34
Was machen wir, wenn einer von uns eine Pause von der Nicht-Monogamie machen will?

35

Wenn ich eine Freundin oder einen Freund hätte, würdest du sie oder ihn kennenlernen wollen?

36

Würdest du jemals in Betracht ziehen, bei einer Orgie mitzumachen? Wenn ja, was wären die Voraussetzungen dafür?

37

Würdest du jemals einen FKK-Strand oder ein Hotel besuchen wollen, in dem Kleidung optional ist? Wie sieht es mit einem „Lifestyle"-freundlichen Hotel oder Club aus?

38
Wenn du mit einem deiner Ex-Freunde Sex haben müsstest, wer wäre es dann und warum?

39

Sollte die Wiederaufnahme einer sexuellen Beziehung mit einem Ex tabu sein? Warum oder warum nicht?

40
Hältst du dich für einen „besitzergreifenden" Menschen?

41
Was ist intimer, eine emotionale Verbindung oder eine sexuelle Verbindung?

42
Wenn wir ein Date mit einem anderen Paar hätten, wie würdest du den perfekten Abend mit ihnen beschreiben?

43

Hast du jemals Fantasien über jemandem gehabt, den wir beide kennen?

44
Dürfen wir mit gemeinsamen Freunden schlafen?

45

Bist du mehr daran interessiert, mit anderen Paaren, Singles oder Gruppen zu spielen?

46

Denkst du jemals beim Masturbieren an jemanden von der Arbeit, der Schule oder anderswo?

47
Möchtest du dir langfristige Beziehungen suchen oder einfach nur gelegentlichen Sex?

48
Wie willst du dabei vorgehen, andere Menschen zu treffen?

49
Was sind die Risiken für unsere Beziehung?

50

Denkst du, dass es Romantik nur zwischen uns geben sollte, oder sollten wir sie auch mit anderen teilen?

51
Wie wichtig ist es, nach einem sexuellen Kontakt mit einer anderen Person die Verbindung zwischen uns beiden wieder zu stärken?

52

Würdest du gerne einem anderen Paar beim Sex zusehen? Hast du da jemand Bestimmten im Kopf?

53
Was würdest du davon halten, vor einer Gruppe von Leuten Sex zu haben?

54

Wenn ich mit einer anderen Person alleine ein Date hätte, würdest du dann alle Details hören wollen? Falls wir Sex hatten, würdest du alles darüber wissen wollen?

55

Sollte irgendein Aspekt einer sexuellen Beziehung mit jemand anderem Privatsache sein?

56

Was klingt für dich attraktiver: offene Beziehungen, Swinging oder Polyamorie? Warum?

57

Würde es dir gefallen, dabei zuzusehen, wie mich jemand anderes verwöhnt? Wenn ja, beschreibe eine erotische Situation, bei der du gerne zusehen würdest.

58
Was würdest du davon halten, wenn ein Liebhaber unser Bett mit uns teilt?

59

Ergänze den Satz: Ich würde dich nie mit einer anderen Person _____ sehen wollen.

60

Wenn ich mit jemand anderem sexuell aktiv wäre, wäre das Geschlecht dieser Person für dich von Bedeutung?

61

Wer war unter all deinen früheren Sexualpartnern (abgesehen vom jetzigen Partner) der beste und warum? Hättest du gerne die Gelegenheit, wieder Sex mit dieser Person zu haben?

62

Was wäre dir lieber: Mir bei einer heißen Sexnummer direkt vor deinen Augen zuzusehen oder zuzuhören, wie ich lauten, wilden Sex hinter verschlossenen Türen habe?

63

Wie viel Zeit pro Woche sollten wir mit anderen Leuten verbringen und wie viel ist nur für uns beide reserviert?

64

Was könnte ein potenzielles Problem oder ein „wunder Punkt" für uns sein, wenn wir einen nicht-monogamen Weg einschlagen?

65

Haben wir irgendwelche verständnisvollen Freunde, mit denen wir frei darüber sprechen könnten? Gibt es jemanden, von dem wir nicht wollen, dass er es herausfindet?

66

Was ist eine meiner körperlichen Eigenschaften oder ein sexuelles Talent, von denen du denkst, dass auch andere Menschen die Chance haben sollten, in deren Genuss zu kommen?

67

Was ist eine meiner emotionalen Eigenschaften, von der du denkst, dass auch andere Menschen die Chance haben sollten, in ihren Genuss zu kommen?

68

Wie würdest du dich dabei fühlen, wenn wir andere intime Beziehungen außerhalb unserer eigenen unterbrechen müssten?

69

Würdest du dich als einen eifersüchtigen Menschen bezeichnen? Was kannst du tun, um Gefühle von Eifersucht zu mildern?

70

Was ist etwas, das ich tue und das dir das Gefühl gibt, etwas Besonderes oder geliebt zu sein? Wie würdest du dich fühlen, wenn ich es für jemand anderen tun würde?

71

Was würdest du von einer Probezeit halten, in der wir Nicht-Monogamie ausprobieren können?

72

Wie würdest du dich fühlen, wenn ich mit einem anderen Liebhaber eine mehrtägige Reise machen würde?

73

Was ist eine Sorge oder Angst, die du hast, falls wir die Nicht-Monogamie ausprobieren sollten?

74

Manche Leute halten andere Dinge als den reinen Geschlechtsverkehr für intimer, wie z.B. das Küssen. Was ist für dich das Intimste?

75

Welche Art von Verhütung sollten wir für Begegnungen außerhalb unserer Beziehung verwenden? Würde sich das ändern, wenn es sich um eine dauerhaftere Beziehung und nicht um einen One-Night-Stand handelt?

76

Bevorzugen wir als Paar One-Night-Stands oder längere sexuelle Beziehungen?

77

Was könnte ich tun, um die Situation zu beheben, wenn ich aus Versehen deine Gefühle verletzen würde?

78

Wenn wir mit einem anderen Paar zusammen und mitten in einer sexuellen Situation sind, sollten wir dann ein „Safeword" haben, mit dem wir signalisieren können, dass wir uns unwohl fühlen? Wenn ja, was soll es sein?

79

Was würdest du denken, wenn ich romantische Gefühle für einen Sexualpartner entwickeln würde?

80

Was ist der kürzeste Zeitraum, den du jemanden kennen solltest, bevor du mit ihm schläfst?

81

Wie würdest du dich fühlen, wenn ich die Nacht bei einem Liebhaber verbringen würde?

82

Gibt es besondere Zeiten oder Feiertage, die immer gemeinsam mit „nur uns beiden" verbracht werden sollten?

83
Falls zutreffend: Wie würden wir gegebenenfalls mit einer unerwarteten Schwangerschaft umgehen?

84

Sollte es irgendwelche zeitlichen Grenzen für sexuelle Beziehungen zu anderen Menschen geben?

85

Wie würdest du dich fühlen, wenn ich mit jemandem von meiner Arbeit eine sexuelle Beziehung hätte?

86

Wenn wir ein Date mit einem anderen Paar hätten und einer von uns sich angezogen fühlt, der andere aber nicht, wie würden wir dann mit der Situation umgehen? Würde einer von uns „in den sauren Apfel beißen" und mit der sexuellen Begegnung fortfahren?

87

Wenn ich mich regelmäßig mit einer anderen Person treffen würde, was ist der längste Zeitraum, den du und ich getrennt voneinander verbringen sollten?

88
Beschreibe den Unterschied zwischen „Fremdgehen" und „vereinbarter Nicht-Monogamie".

89

Wie fühlst du dich, wenn ich eine Bemerkung über die Attraktivität einer anderen Person mache?

90

Gibt es sexuelle Aktivitäten, die außerhalb unserer Beziehung streng tabu sind?

91

Wie würdest du dich fühlen, wenn ich mich zu jemandem hingezogen fühlen würde, der nicht wie du aussieht oder sich wie du verhält?

92

Wenn wir mit einem anderen Paar „spielen" würden, wie würde das aussehen? Nur rummachen und streicheln? Oralsex? Heißer, verschwitzter Partnertausch?

93

Fühlst du dich zu einem meiner Freunde hingezogen? Wenn du die Chance und meinen Segen hättest, würdest du dann mit dieser Person Sex haben wollen?

94

Was sorgt für heißeren Sex, Romantik oder pure erotische Energie?

95

Wie würdest du dich fühlen, wenn ich einen Liebhaber abends mit nach Hause bringen würde? Was, wenn er oder sie über Nacht bleiben würde?

96

Wenn wir zusammen und mitten in einer sexuellen Begegnung mit anderen Menschen wären, wie könnten wir uns dann miteinander „kurzschließen", um sicherzustellen, dass es uns beiden gut geht?

97

Wenn wir uns auch mit anderen Menschen treffen, wie schaffen und erhalten wir dann Raum für unsere Beziehung?

98

Würdest du sagen, dass du eher nervös, vorsichtig oder gespannt bist, die Nicht-Monogamie auszuprobieren?

99

Gibt es einen bestimmten Personentyp, mit dem du mich gerne sehen würdest oder von dem du denkst, dass er gut zu meiner Persönlichkeit passen würde?

100
Gibt es irgendwelche Kosenamen, die nur uns gehören sollten?

101

Was passiert, wenn einer von uns angemacht wird oder ein sexuelles Angebot bekommt, wir aber noch keine Gelegenheit hatten, darüber zu sprechen? Nehmen wir das Angebot an?

102

Was würdest du davon halten, ein Video anzusehen, in dem ich mit einer anderen Person Sex habe? Wenn dir die Idee gefällt, welche Art von Dingen würdest du gerne passieren sehen?

103

Was ist das Wichtigste, das wir zur Aufrechterhaltung des Vertrauens in unserer Beziehung tun müssen, wenn wir sexuelle Beziehungen zu anderen Menschen eingehen?

104
Was würdest du denken, wenn ich Sex mit einem völlig Fremden hätte?

105

Möchtest du alle schmutzigen Details einer sexuellen Begegnung außerhalb unserer Beziehung hören oder lieber nicht?

106

Gibt es in unserem Bekanntenkreis Personen, die sexuell gesehen tabu sein sollten? Irgendjemand, bei dem du dich unwohl fühlen würdest?

107

Was ist etwas, das du am allermeisten von mir brauchst, damit du dich mit der Erkundung der Nicht-Monogamie wohler fühlst?

LASS UNS ÜBER SEXUELLE VORLIEBEN UND FETISCHE REDEN

Fragen und Gesprächseinstiege für Paare, die ihre wilde Seite erkunden wollen

Buch 3

Worum es in diesem Buch geht

Manchmal können Paare in sexuelle Muster verfallen, die sich nach einer Weile vorhersehbar, ja sogar langweilig anfühlen. In solch einem sexuellen Trott scheint die erotische Aufregung, die einst im Inneren kribbelte, wie eine lange verlorene Erinnerung. Der Wunsch aus der Routine auszubrechen ist einer der vielen Gründe, warum ein Paar die Welt der Kinks, also der ungewöhnlicheren sexuellen Vorlieben, erkunden wollen könnte. Manche Leute wissen bereits, dass sie tief im Inneren diese „eine kleine Sache" haben, die sie so richtig anmacht. Vielleicht ist es Spanking, oder Voyeurismus, oder Dominanz, oder etwas ganz anderes – was auch immer es sein mag, sie erleben einen besonderen Nervenkitzel, wenn sie die Chance haben, diese Fantasie auszuleben! Jetzt hast du die Gelegenheit, deine auch ungewöhnlicheren sexuellen Vorlieben zu entdecken und darüber zu sprechen!

Durch eine Vielzahl von Fragen, die du und dein Partner abwechselnd stellen, führt euch dieses Buch durch Gespräche über ungewöhnliche Gelüste und Möglichkeiten und darüber, was euch beide *wirklich* anmacht. Es bietet euch einen Ausgangspunkt für die

Erforschung verschiedener Vorlieben und Fetische, die euch ansprechen könnten. Wenn ihr schon einen Schrank voller Neunschwänziger Katzen und Latexanzüge habt, könnte dieses Buch vielleicht zu einfach für euch sein. Wenn ihr euch aber noch unsicher seid, was ihr eigentlich wollt und gleichzeitig aber auch wisst, dass ihr *irgendetwas* tun wollt, um euer Sexualleben zu elektrisieren, dann kann dieses Buch helfen. Wenn ihr also schon mit Shibari oder Kinbaku vertraut seid oder einen Violet Wand in eurer Schublade versteckt habt, dann seid ihr vielleicht etwas weiter fortgeschritten als das, was wir hier anbieten. (Wir freuen uns jedoch immer über Feedback der Kink-Veteranen!) Wenn ihr also bereit seid, eure geheimen Vorlieben zu entdecken und zu benennen, dann lasst uns fortfahren. Schließlich mussten selbst die erfahrensten Altmeister des Kinks auch irgendwo einmal anfangen – hier ist jetzt eure Chance dazu!

Zunächst müssen wir ein wenig die Terminologie besprechen und einige der Feinheiten klären. (Für die Kink-Altmeister: bitte versteht, dass ich hier aus Gründen der Einfachheit wirklich verallgemeinere.) Für diejenigen von euch, die sich noch nicht damit auskennen: Kinks sind im Grunde etwas, das außerhalb des „normalen"

Sexualverhaltens liegt, und Fetische verlangen eine Art Objekt zur sexuellen Befriedigung. Als Beispiel könnte man das Swingen als „Kink" bezeichnen, während eine sexuelle Vorliebe für Füße als „Fetisch" bezeichnet werden könnte. Alle Fetische sind Kinks, aber nicht alle Kinks sind Fetische. Wie man sich vorstellen kann, gibt es SO viele Dinge außerhalb des „normalen" Sexualverhaltens, dass es auch eine endlose Vielfalt an Kinks und Fetischen gibt. Die Fragen in diesem Buch werden sich mit den häufigeren und beliebteren befassen.

Die drei wichtigsten Dinge, die man beachten sollte, wenn man über ungewöhnliche Sexpraktiken spricht, sind: EINVERSTÄNDNIS, EINVERSTÄNDNIS und EINVERSTÄNDNIS. Wenn ihr in der Welt des Kinks spielen wollt, müsst ihr absolut sicher sein, dass alle Beteiligten immer und zu jeder Zeit auf einer Wellenlänge sind. Bedenkt immer: Was dem einen Menschen sexuelles Vergnügen bereitet, kann sehr unangenehm oder sogar abstoßend für den anderen sein. Deshalb ist die Diskussion und Absprache sowohl für das Vergnügen als auch für die Sicherheit unerlässlich. Einige Kinks können entweder physisch oder emotional gefährlich sein und ihr müsst sicherstellen, dass alle beteiligten Parteien jedes Mal ihre ausdrückliche und klare Zustimmung gegeben haben.

Es ist auch hilfreich zu wissen, dass sich viele, viele Kinks überschneiden oder überlappen können. Zum Beispiel ist Bondage technisch gesehen BDSM, kann aber auch Dominanz mit einbeziehen. Unter den richtigen Umständen könnte das Swingen auch als Gruppensex angesehen werden. Auch hier sagen wir der Einfachheit halber nicht, dass jeder Kink, den wir in das Buch aufgenommen haben, ausdrücklich und unverrückbar in eine Kategorie fällt; er könnte auch leicht in mehrere Kategorien fallen. Wir wollen euch nur einen Eindruck von den betreffenden Kategorien vermitteln.

Nachdem wir diese Punkte nun angesprochen haben, kommen wir zu den Fragen selbst. Dieses Buch ist etwas anders aufgebaut als unsere anderen *Jenseits der Bettlaken*-Bücher. Es gibt immer noch die Diskussionsfragen auf jeder Seite, aber unter jeder Frage ist der Kink oder Fetisch aufgeführt, der euch je nach eurer Antwort interessieren könnte. Denkt bitte daran, dass dies nur dazu gedacht ist, euch bei der Benennung dieses Kinks zu helfen, so dass ihr mehr Informationen darüber suchen könnt, wenn ihr möchtet. Seid ihr zur Erkundung bereit? Dann lasst uns loslegen!

Was dieses Buch nicht ist

Dieses Buch soll Grenzen erweitern und neu definieren. Allerdings ist es nicht für unsichere Paare oder Einzelpersonen gedacht oder solche, die zu Eifersucht neigen.

Dieses Buch ist nicht als Ersatz für therapeutische Gespräche gedacht und dient nur zu Unterhaltungszwecken. Wenn ihr sexuelle oder beziehungsbezogene Probleme habt, empfehlen wir dringend einen Sexualtherapeuten oder Eheberater.

Wir sprechen weder besonderen Empfehlungen für Dinge in diesem Buch aus, noch ermutigen wir Handlungen oder Verhaltensweisen, die außerhalb der Grenzen liegen, innerhalb derer sich eine Person wohl fühlt. Darüber hinaus empfehlen wir keine unsicheren Sexualpraktiken oder regen dazu an.

Die Gesprächseinstiege in diesem Buch sind nicht als vollständige Liste aller Fetische, Vorlieben oder Fantasien gedacht. Wir haben insbesondere Kinks oder Praktiken weggelassen, die als „extrem" eingestuft werden können, sei es körperlich oder emotional. Außerdem haben wir auf die Berücksichtigung von Kinks verzichtet, die

Menschen triggern könnten, die in ihrer Vergangenheit sexuelles Trauma erfahren haben.

Die Fragen in diesem Buch sind einfach nur Einstiege, die euch hoffentlich in tiefere Diskussionen führen werden. Ihr könnt also gerne die Fragen noch ausarbeiten und improvisieren.

1

Wenn dein Partner einen Zauberstab hätte, dessen Berührung sich auf der Haut wie das Kitzeln von warmem Champagner anfühlte, würde dich das sexuell erregen?

(Elektrostimulation

2

Magst du es, wenn dein Partner beim Sex deine Brustwarzen küsst, leckt oder darauf pustet?

(Nippelspiele)

3

Hast du jemals davon geträumt, ein Stripper oder eine Stripperin zu sein oder dich gefragt, wie es wäre, Fremden einen Lapdance zu geben?

(Exhibitionismus)

4

Warst du schon einmal neugierig auf „Sexclubs"? Bist du bereit, einen zu besuchen, nur um zu sehen, wie es ist?

(Swinging)

5

Möchtest du jemals als Spielzeug „benutzt" werden? Würdest du gerne ein „lebendes Sexspielzeug" sein?

(Unterwerfung)

6

Findest du den Gedanken erotisch, deinen Partner zu füttern, während er die Augen verbunden hat?

(Spiele mit Essen)

7

Nachdem du Sex mit deinem Partner hattest, hast du jemals das Gefühl, dass du einfach immer und immer weitermachen könntest? Ist es schwer, deinen sexuellen Appetit zu befriedigen?

(Gangbangs)

8

Möchtest du, dass sich dein Partner jeder deiner Launen unterwirft? Möchtest du, dass er dein „Liebessklave" ist und deine sexuellen Wünsche erfüllt?

(Dominanz)

9

Dein Partner wird von einer anderen heißen Person gefickt und du kannst nur zusehen, wie es passiert. Du hörst ihr lustvolles Stöhnen, während sie sich zusammen auf dem Bett winden, und du sitzt einfach nur da. Bist du erregt?

(Cuckolding oder Cuckqueaning)

10

Magst du es, wenn dein Partner dir den Finger in den Hintern steckt, während ihr beide Sex habt?

(Analspiele oder Pegging)

11

Wie würdest du es finden, von deinem Partner in den Armen gehalten zu werden, während er sanft gurrt und dich verhätschelt und dich hin und her wiegt?

(Ageplay, Babyspiele)

12

Wie würde es sich anfühlen, wenn dein ganzer Körper in engen Latexgummi gehüllt wäre? Bei jeder Bewegung, die du machst, spürst du, wie es sich gegen deine Haut spannt. Wenn dir die Vorstellung gefällt, beschreibe, was du beim Tragen tun würdest.

(Latexfetisch)

13

Wünschst du dir jemals, dass dein Partner die Kontrolle beim Sex übernimmt? Würdest du dir wünschen, dass er eher den Ton in der sexuellen Situation angibt?

(Unterwerfung)

14

Welches Kostüm oder welche Uniform soll ich vor dem Sex tragen? Was möchtest du anziehen?

(Rollenspiel)

15

Glaubst du, dass Schmerzen jemals angenehm sein können? Wenn ja, beschreibe eine Szene, die du sexuell erregend finden würdest.

(BDSM)

16

Findest du die Füße deines Partners besonders attraktiv? Gibt es etwas an ihnen, von dem du dich angezogen fühlst?

(Fußfetisch)

17

Magst du es, wenn man dir beim Sex einen Klaps auf den Arsch gibt? Willst du härtere und häufigere Schläge?

(Spanking)

18

Hast du jemals Fantasien darüber gehabt, vom anderen Geschlecht zu sein oder die Kleidung dieses Geschlechts zu tragen?

(Crossdressing)

19

Ist die Vorstellung aufregend, an den Armen festgehalten zu werden, während dein Partner sich über dich hermacht? Wenn ja, beschreibe eine Szene, die dich heiß machen würde.

(Unterwerfung)

20

Stell dir vor, du bist auf einem Campingausflug über Nacht mit Freunden. Irgendwie hat es sich in ein Gruppenknutschen um das Feuer verwandelt. Jemand schlägt vor, dass alle zusammen in ein Zelt gehen. Sagst du „ja"? Wenn ja, was passiert im Zelt?

(Gruppensex)

21

Wenn dein Partner beim gemeinsamen Duschen vor dir niederknien und dich bitten würde, auf ihn zu pinkeln, würdest du es tun? Wie würdest du dich dabei fühlen?

(Watersports)

22

Wie fühlt sich für dich die Vorstellung von engem Leder an, das sich an deine Haut schmiegt? Findest du Lederhosen oder Jacken in ihrer Beschaffenheit sexy?

(Ledersex)

23

Hättest du gerne, dass dein Partner dich ans Bett fesselt, während er deinen Körper langsam mit der Zunge erkundet?

(Bondage)

24

Bist du an einem Dreier interessiert? Einem Vierer? Einem „Nochmehrer"? Beschreibe, was du gerne erleben würdest.

(Swinging)

25

Stell dir vor, du betrittst einen kleinen Laden, siehst aber weder andere Kunden noch Angestellte. Auf dem Weg weiter in den Laden hinein hörst du lustvolles Stöhnen aus einer Umkleidekabine und es ist offensichtlich, dass zwei Leute darin ficken. Erregt es dich zu wissen, dass du sie hören kannst, aber sie keine Ahnung haben, dass du da bist?

(Voyeurismus)

26

Möchtest du, dass dein Partner dich anal stimuliert? Was wäre, wenn er einen Vibrator anal bei dir benutzen würde?

(Analspiele oder Pegging)

27

Wie würdest du dich dabei fühlen, Sex an einem öffentlichen Ort zu haben, an dem dich vielleicht Leute sehen könnten?

(Exhibitionismus)

28

Würdest du dir wünschen, dass dein Partner sich über dich kniet und Wachs von einer Kerze auf deine nackte Brust tropft?

(Wachsspiele)

29
Fühlt sich statische Elektrizität erotisch an?

(Elektrostimulation)

30

Findest du die Vorstellung heiß, dass dein Partner ohne dich zu einem Date geht, wilden heißen Sex hat und dann nach Hause kommt, um dir alles darüber zu erzählen?

(Cuckolding oder Cuckqueaning)

31

Findest du den Gedanken aufregend, dass dein Partner dich beim Sex durch einen unerwarteten Schlag schockiert oder überrascht zum Aufschreien bringt?

(BDSM)

32

Würdest du deinen Partner gerne mit Schokoladensoße übergießen und sie ablecken? Wenn nicht Schokolade, möchtest du ein anderes Lebensmittel verwenden?

(Spiele mit Essen)

33

Hast du jemals davon geträumt, gezwungen zu sein, deinem Partner dabei zuzusehen, wie er jemand anderen verwöhnt?

(Cuckolding oder Cuckqueaning)

34

Würdest du mit deinem Partner gerne ein sexuelles Szenario durchspielen? Wie würde es aussehen? Was soll dein Partner tun oder sagen?

(Rollenspiele)

35

Findest du die Vorstellung erregend, deinen Partner niederzudrücken und seine Handgelenke festzuhalten, während du ihn fickst? Möchtest du oben sein und das Sagen haben?

(Dominanz)

36

Wie würdest du es finden, wenn dein Partner dich über das Knie legt und dir den Hintern versohlt? Macht die Vorstellung dich an?

(Spanking)

37

Törnt dich die Vorstellung von „Squirting" an, also weiblicher Ejakulation? Wenn du eine Frau bist, hast du jemals beim Orgasmus ejakuliert?

(Watersports)

38

Du bist auf einer Party und amüsierst dich großartig. Es scheint, dass eine Gruppe von Freunden in ein Schlafzimmer gegangen und gerade dabei ist, sich auszuziehen. Es ist offensichtlich, dass sie alle Sex haben werden. Wärst du daran interessiert, dich ihnen anzuschließen?

(Gruppensex)

39

Magst du es, wenn dein Partner deine Brustwarzen beißt oder kneift? Wenn ja, bevorzugst du es hart oder sanft?

(Nippelspiele)

40

Bist du von der Vorstellung fasziniert, mit deinem Partner zu kuscheln, während du Windeln für Erwachsene trägst und wie ein Baby behandelt wirst?

(Ageplay, Babyspiele)

41

Stell dir vor, du gehst spätabends in ein Kino und setzt dich in die hinterste Reihe. Es ist nur noch ein weiteres Paar im Saal, das in der ersten Reihe sitzt. Die beiden bemerken nicht, dass du da bist. Bevor du dich versiehst, fangen sie an, lautstark zu ficken. Wie reagierst du?

(Voyeurismus)

42

Macht dich die Vorstellung an, von deinem Partner wie ein Haustier oder ein Tier behandelt zu werden?

(Pet Play)

43

Findest du die Vorstellung heiß, von mehreren Menschen gleichzeitig sexuell verwöhnt zu werden? Stell dir vor, wie eine Person nach der anderen dich fickt, bis du völlig erschöpft bist. Bist du erregt?

(Gangbangs)

44

Bist du angetörnt von der Vorstellung, eine Gurke oder ein anderes Gemüse als Dildo zu verwenden?

(Spiele mit Essen)

45

Hättest du Interesse daran, Lederkorsetts oder Ledershorts zu tragen?

(Ledersex)

46

Wolltest du schon immer mal an den Zehen eines Liebhabers lutschen?

(Fußfetisch)

47

Würde es sich aufregend anfühlen, wenn deine Füße und Hände mit einem Seil gefesselt wären?

(Bondage)

48

Du, dein Partner und dein bester Freund haben sich abends zum Abhängen getroffen. Im Laufe einer dummen Mutprobe fangen dein Partner und dein Freund an, rumzumachen. Was würdest du gerne als nächstes tun?

(Swinging)

49

Magst du Analsex? Genießt du normalerweise das Geben oder Empfangen? Wärst du bereit, einmal die Rollen zu tauschen?

(Analspiele oder Pegging)

50

Empfindest du Sex als eine spirituelle Erfahrung? Würdest du gerne lernen, wie du die Erfahrung verlängern und erotische Energie mit deinem Partner im mehr als körperlichen Sinne teilen kannst?

(Tantra)

51

Würdest du gerne deinem Partner befehlen, sich nicht zu bewegen, während du ihn sexuell neckst? Macht es dich an, ihm dabei zuzusehen, wie er versucht, dem Befehl zu gehorchen?

(Dominanz)

52

Stell dir vor, dein Partner kniet beim Rummachen nackt über dir. Wie würdest du dich fühlen, wenn er dir plötzlich über den ganzen Schoß pinkeln würde? Erregt oder abgetörnt?

(Watersports)

53

Macht dich der Gedanke heiß, dass dein Partner deinen Körper sanft mit Lederriemen auspeitscht?

(BDSM)

54

Hast du dir jemals sexy Szenarien mit deinem Partner vorgestellt, in denen ihr beide eine Rolle spielt? Zum Beispiel, dass ein „Schüler" nach dem Unterricht mit dem „Lehrer" zurückbleiben muss?

(Rollenspiele)

55

Wenn du und dein Partner an einem Strand wärt und in der Sonne liegend herummachen würdet, würde dich das Wissen erregen, dass andere Leute euch beide beobachten?

(Exhibitionismus)

56

Ist die Vorstellung erotisch, dass dein Partner dich mit einem anderen Liebhaber vergleicht? Was wäre, wenn er dir sagen würde, wie viel besser die andere Person im Bett war?

(Cuckolding oder Cuckqueaning)

57

Wie würdest du es finden, wenn dein Partner dir die Augen verbinden und dir befehlen würde, seinen Wünschen zu gehorchen? Würdest du es genießen, gehorsam zu sein?

(Unterwerfung)

58

Gibt es etwas Sinnliches oder Erregendes an dem Gedanken, gefesselt zu sein und gegen die Fesseln anzukämpfen?

(Bondage)

59

Möchtest du die Autoritätsperson in einer sexuellen Beziehung sein, die für Disziplinierung und Strafe verantwortlich ist?

(Dominanz)

60

Macht dich die Vorstellung an, dass dein Partner beim Sex schmutzige Dinge sagt und flucht? Was würdest du gerne hören?

(Dirty Talk)

61

Würdest du gerne vor deinem Partner (oder anderen Leuten) masturbieren?

(Exhibitionismus)

62

Hättest du gerne, dass dein Partner seine Füße oder Zehen benutzt, um es dir zu machen?

(Fußfetisch)

63

Kann sich Eifersucht oder Demütigung jemals sexuell erregend anfühlen?

(Cuckolding oder Cuckqueaning)

64

Findest du, dass das Tragen eines glänzenden, hautengen Anzugs eine erotische Vorstellung ist?

(Latexfetisch)

65

Wie würdest du dich fühlen, wenn dein Partner dir ein Halsband und eine Leine anlegen würde? Was, wenn er dich zwingen würde, aus einer Schüssel auf dem Boden zu essen?

(Pet Play)

66

Wie würde es dir gefallen, wenn dein Partner seine Zunge zwischen deine Hinterbacken gleiten lassen und deinen Anus lecken würde? Würdest du es im Gegenzug auch ausprobieren wollen?

(Rimming)

67

Stell dir vor, dein Partner streichelt sanft mit einer Feder über deinen nackten Körper, während du auf dem Rücken liegst. Wäre das kitzelnde Gefühl sexuell anregend?

(Kitzelfetisch)

68

Magst du harten Sex? Ist die Vorstellung, gebissen und an den Haaren gezogen zu werden, sexuell aufregend?

(BDSM)

69

Möchtest du davon geweckt werden, wie dein Partner dich streichelt oder dir Oralsex gibt? Erregt dich der Anblick deines schlafenden Partners sexuell?

(Schlafsex)

70

Ist es erotisch, Sex mit einem Partner zu haben, der voll bekleidet ist? Wie wäre es, wenn auch du deine ganze Kleidung anhaben würdest?

(Fetisch, voll bekleidet zu sein)

71

Würde es dich erregen, auf einer Überwachungskamera ein Paar beim Sex zu beobachten?

(Voyeurismus)

72

Ist die Vorstellung eines heißen, verschwitzten Gewirrs von Menschen beim Gruppensex etwas, das dich anmacht? Wolltest du schon immer mal bei einer Orgie mitmachen?

(Gruppensex)

73

Was würdest du davon halten, wenn du und dein Partner mit einem anderen Paar ausgehen würden und alle zusammen im Bett landeten? Falls dir die Vorstellung gefällt, gibt es ein Paar, von dem du dir vorstellen kannst, sie ins Schlafzimmer einzuladen?

(Swinging)

74

Würdest du gerne einen FKK-Strand oder ein FKK-Hotel besuchen?

(Exhibitionismus)

75

Hat Feuer etwas Ursprüngliches, Erotisches und Sexuelles an sich? Findest du es sinnlich, die Wärme einer offenen Flamme zu spüren?

(Feuerspiele)

76

Lässt du dir gerne die Brust massieren oder die Brustwarzen lutschen?

(Nippelspiele)

77

Findest du das Gefühl erregend, Spandex oder enge, glatte Kleidung zu tragen? Gefällt es dir, deinen Partner in solchen Kleidungsstücken zu sehen?

(Latexfetisch)

78

Findest du die Vorstellung aufregend, an die Wand gestoßen und hart geschlagen zu werden?

(BDSM)

79

Würdest du gerne sehen, wie dein Partner das Gegenteil von dem trägt, was er normalerweise tragen würde? Zum Beispiel eine feminine Frau in Bauarbeiterkleidung oder ein maskuliner Mann in Dessous?

(Crossdressing)

80

Stellst du dir manchmal beim Sex vor, dass dein Partner jemand ganz anderes ist?

(Rollenspiele)

81

Könnte es für dich erregend sein, deinen Partner beim Sex als „Sir", „Madame", „Herr" oder „Herrin" zu bezeichnen? Fühlt es sich erotisch an, dem Partner „unterlegen" zu sein?

(Unterwerfung)

82

Stell dir vor, du liegst nackt im Bett, während du leicht gefesselt bist und deine Augen verbunden sind. Dein Partner neckt dich auf verschiedene Arten und sagt kein Wort. Hört sich die Vorstellung heiß an?

(Sensorische Spiele)

83

Möchtest du von deinem Partner geknebelt werden, während er sich über dich hermacht?

(BDSM)

84

Würdest du dich gerne von deinem Partner mit einem Paddle disziplinieren lassen?

(Spanking)

85

Klingt es für dich aufregend, von hinten von einem Dildo oder Penis gefickt zu werden? Erregt es dich?

(Analspiele oder Pegging)

86

Wolltest du schon immer mal Schlagsahne vom Körper deines Partners ablecken?

(Spiele mit Essen)

87

Stell dir vor, du müsstest beim Sex absolut still sein, Worte oder Geräusche sind nicht erlaubt. Klingt das nach einer erotischen Herausforderung?

(Silent Play)

88

Wenn du und dein Partner so tun würdet, als wärt ihr völlig Fremde, die sich treffen und dann heißen, leidenschaftlichen Sex haben, würdest du das toll oder seltsam finden?

(Rollenspiele)

89

Hast du dich schon einmal inmitten einer „Kitzelschlacht" sexuell erregt gefühlt?

(Kitzelfetisch)

90

Findest du Strümpfe oder Socken an attraktiven Füßen aufregend? Wie sieht es mit einer heißen Person aus, die ihre Schuhe auszieht?

(Fußfetisch)

91

Wenn dein Partner in der Lage wäre, dir nach Belieben einen elektrischen Schlag überall an deinem Körper zu verpassen, würde dich das ansprechen?

(Elektrostimulation)

92

Bist du daran interessiert, eine tiefere, sinnlichere sexuelle Erfahrung mit deinem Partner zu erleben?

(Tantra)

93

Wärst du bereit, dir die Hände zusammenbinden zu lassen und von der Decke zu hängen, während dein Partner deinen Körper neckt und du hilflos dastehst?

(Bondage)

94

Wie würde dir das Gefühl gefallen, mit einem dünnen Stock auf die nackten Fußsohlen geschlagen zu werden?

(Rohrstock)

95

Hast du jemals Sex mit deinem Partner gehabt, während ihr beide eure Unterwäsche oder Höschen noch an und nur zur Seite geschoben hattet?

(Fetisch, voll bekleidet zu sein)

96

Erregt dich der Gedanke, mit deinem Partner vor einem Raum voller Fremder Liebe zu machen? Wenn ja, beschreibe das Erotischste daran.

(Exhibitionismus)

97

Findest du die Vorstellung aufregend, nicht sehen oder hören zu können, was dein Partner im Bett mit dir machen könnte? Jede Empfindung wäre eine Überraschung.

(Sensorische Spiele)

98

Findest du den Akt des Urinierens jemals sexuell erregend?

(Watersports)

99

Hast du jemals davon geträumt, absolut im Mittelpunkt der sexuellen Aufmerksamkeit einer Gruppe von Menschen zu stehen? Alle von ihnen sind nur da, um dich zu verwöhnen. Interessiert?

(Gangbangs)

100

Sind deine Brustwarzen gepierct oder hast du Interesse an einem Piercing?

(Nippelspiele)

101

Findest du die Vorstellung sexuell erregend, von deinem Partner im Schlafzimmer „bestraft" zu werden?

(BDSM)

102

Hast du dir jemals gewünscht, dass dein Partner einen Eiswürfel über deinen nackten Körper gleiten lässt?

(Sensorische Spiele)

103

Hättest du Interesse daran, dass dir dein Partner genau sagt, was du in einem Sexualszenario anziehen sollst?

(Unterwerfung)

104

Würdest du gerne zusehen, wie jemand, der größer, stärker oder attraktiver ist als du, deinen Partner sexuell befriedigt?

(Cuckolding oder Cuckqueaning)

105

Findest du die Vorstellung aufregend, wie dein Partner auf den Knien vor dir kriecht? Wie wäre es, wenn du ihn deine Füße küssen lässt?

(Dominanz)

106

Gibt es irgendwelche Vorlieben oder Fetische, die nicht in diesem Buch sind, dich aber interessieren?

107

Würdest du gerne einen dieser Kinks oder Fetische ausprobieren, über die wir heute gesprochen haben?

Verleih deinem Sexleben noch mehr Würze und entdecke alle erotischen Fragebücher von J.R. James:

Wahrheit oder Pflicht?: Das Spiel der sexy Fragen für Erwachsene

Lass uns über Sex reden: Das Kamasutra der Einstiegsfragen über sexuelle Fantasien
(Alle drei „Lass uns reden" erotischen Fragebücher sind in diesem 340-seitigen Band enthalten)

Lass uns über sexuelle Fantasien und Wünsche reden

Lass uns über Nicht-Monogamie reden

Lass uns über sexuelle Vorlieben und Fetische reden

www.sexygamesforcouples.com

ÜBER DEN AUTOR

J.R. James weiß, dass erotische Gespräche mit dem Partner ein magisches, verbindendes Erlebnis sind. Seine Bestsellerreihe von Fragebüchern ermuntert Paare zu offenen und ehrlichen sexuellen Diskussionen. Das Ergebnis ist eine Beziehung, die sowohl erotisch aufgeladen als auch sexuell befreiend ist.

Printed in Poland
by Amazon Fulfillment
Poland Sp. z o.o., Wrocław

35180431R00199